scuola - yachay wasi	2
viaggio - ch'usay	5
trasporto - astana	8
città - llaqta	10
paesaggio - wanlla	14
ristorante - mikhuna wasi	17
supermercato - jatun qhatu	20
bevande - upyanakuna	22
cibo - mikhuna	23
fattoria - chakra wasi	27
casa - wasi	31
soggiorno - k'illi wanlla	33
cucina - wayk'una wasi	35
bagno - akana wasi	38
stanza dei bambini - wawa k'uchu	42
vestiti - p'acha	44
uffico - ujisina	49
economia - qullqikamay	51
professioni - llamk'aykuna	53
attrezzi - ruk'awi	56
strumenti musicali - takichiy nakuna	57
zoo - jatun uywa kancha	59
sport - atipanaku pukllay	62
attività - ruwakuna	63
famiglia - yawar masikuna	67
corpo - uqhu	68
ospedale - Jampina wasi	72
emergenza - urjinsia	76
terra - Pacha	77
orologio - phani (kuna)	79
settimana - qanchischaw	80
anno - wata	81
forme - pacha tupusqa rikch'ay	83
colori - llimp'ikuna	84
contrari - wakjinakuna	85
numeri - yupaykuna	88
lingue - simikuna	90
chi / cosa / come - pi / ima / imayna	91
dove - maypi	92

Impressum
Verlag: BABADADA GmbH, Nedderfeld 112 , 22529 Hamburg
Geschäftsführer / Verlagsleitung: Harald Hof
Druck: Books on Demand GmbH, In de Tarpen 42, 22848 Norderstedt

Imprint
Publisher: BABADADA GmbH, Nedderfeld 112 , 22529 Hamburg, Germany
Managing Director / Publishing direction: Harald Hof
Print: Books on Demand GmbH, In de Tarpen 42, 22848 Norderstedt

scuola
yachay wasi

- dividere — rak'iy
- lavagna — pirqa qillqana
- aula — yachaqaywasi
- cortile — kancha
- insegnante — yachachiq
- carta — raphi
- scrivre — qillqay
- penna — qillqana
- scrivania — llamk'a jamp'ara
- righello — chiqanchana
- libro — p'anqa
- alunni — yachaqaq

cartella
wayaqa

portapenne
p'uktaki llimp'i qillqana

matita
yana qillqana

temperino
ñawch'ina

gomma
qillqakhituna

blocco da disegno
qillqana p'anqa siq'inapaq

disegno
siq'i

pennelli
chukcha llimp'ina

scatola dei colori
p'uktaki llimp'ikuna

forbici
k'utuna

colla
k'akachana

libro degli esercizi
qillqana p'anqa ruwanakuna

compiti
kamachinakuna

numero
yupay

addizionare
yapay

sottrarre
qhichuqay

moltiplicare
mirachay

calcolare
yupanchay

lettera
sanampa

alfabeto
sanampakuna

parola
simi rimay

scuola - yachay wasi

testo	leggere	gesso
qillqa	ñawiriy	iskuna
	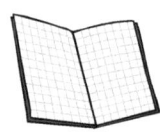	
lezione	registro	esame
yachachina	qillqana p'anqacha	chaninchana

pagella	uniforme	istruzione
certificaru	uniforme	yachay

enciclopedia	università	microscopio
jatun simi pirwa	Jatun yachaywasi	microscopio
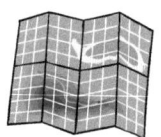		
cartina	cestino	
saywa siq'i	raphi chuqana	

scuola - yachay wasi

viaggio
ch'usay

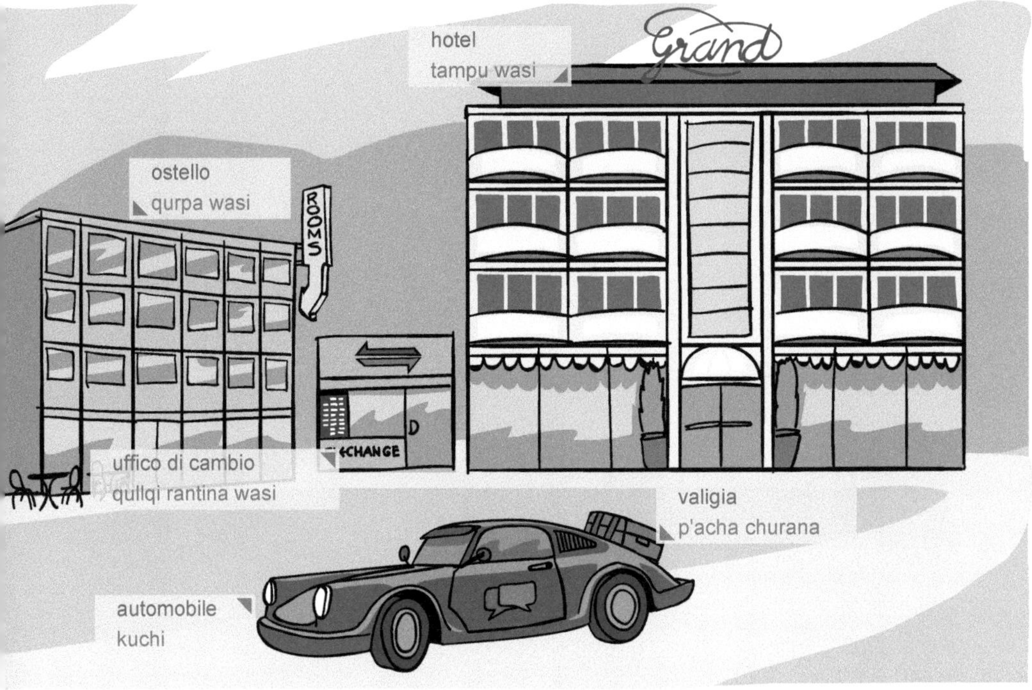

hotel
tampu wasi
Grand
ostello
qurpa wasi
ROOMS
uffico di cambio
qullqi rantina wasi
EXCHANGE
valigia
p'acha churana
automobile
kuchi

Lingua
simi

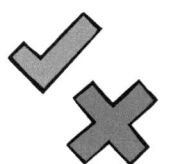

sì / no
ari / mana

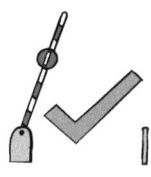

okay
ari

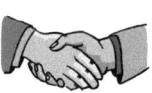

ciao
Imaynalla

interprete
tikraq

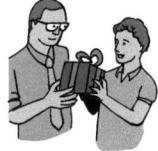

Grazie
Pachi

Quanto costa...?
¡Machkhataq?

Non capisco
Mana yachanichu

problema
ch'ampay

buona sera
¡Allin tuta!

Buongiorno!
¡Allin P'unchaw!

Buonanotte!
¡Allin tuta!

arrivederci
tinkunakama

direzione
pusachay wasi

bagagli
q'ipi

borsa
wayaqa

zaino
wasa wayaqa

ospite
jamuynisqa

camera
wasi

sacco a pelo
puñunapaq wayaqa

tenda
tienda

Informazioni	spiaggia	carta di credito
turismu willakuy	quchapata	tarjita kriditumanta

colazione	pranzo	cena
paqarin mikhuy	chawpi p'unchaw mikhuy	tuta mikhuy

biglietto	ascensore	francobollo
qullqi	makina wicharinapaq	unanchana

confine	dogana	ambasciata
saywa	adwana	imwajada

visto	passaporto	
visa	pasapurti	

viaggio - ch'usay

trasporto
astana

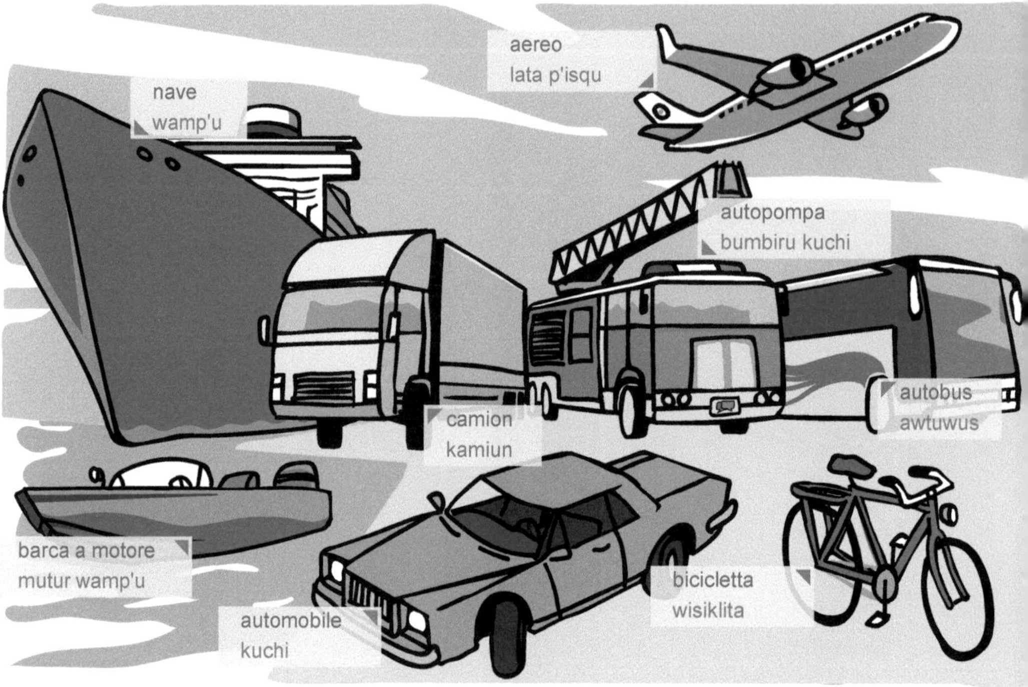

aereo
lata p'isqu

nave
wamp'u

autopompa
bumbiru kuchi

autobus
awtuwus

camion
kamiun

barca a motore
mutur wamp'u

bicicletta
wisiklita

automobile
kuchi

traghetto
quchacha

barca
wamp'u

motocicletta
mutu

auto della polizia
pulisiyap autun

auto da corsa
usqay karru

auto a noleggio
kuchi manukuna

carsharing
kuchi manu

carro attrezzi
grua

camion della nettezza urbana
q'upa kamiun

motore
mutur

benzina
gasulina

benzinaio
gasulinamanta istasiun

cartello stradale
chakatana sanampa

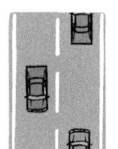

traffico
trajiku

ingorgo
chakatana

parcheggio
istasiun

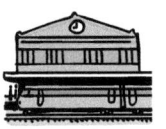

stazione
trin estasiun

binari
ñankuna

treno
trin

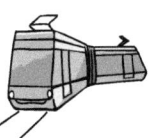

tram
tranwia

vagone
wagun

trasporto - astana

elicottero
ilikuptiru

aeroporto
lata p'isqu kiti

torre di controllo
pukara

passeggero
pasaqlla

container
jatun p'uktaki

cartone
karton p'uktaki

carretto
kapachu

cestino
isanka

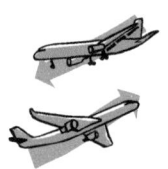
decollare / atterrare
phaway / uray

città
llaqta

paese
llaqta

centro
chawpi jatun llaqta

casa
wasi

città - llaqta

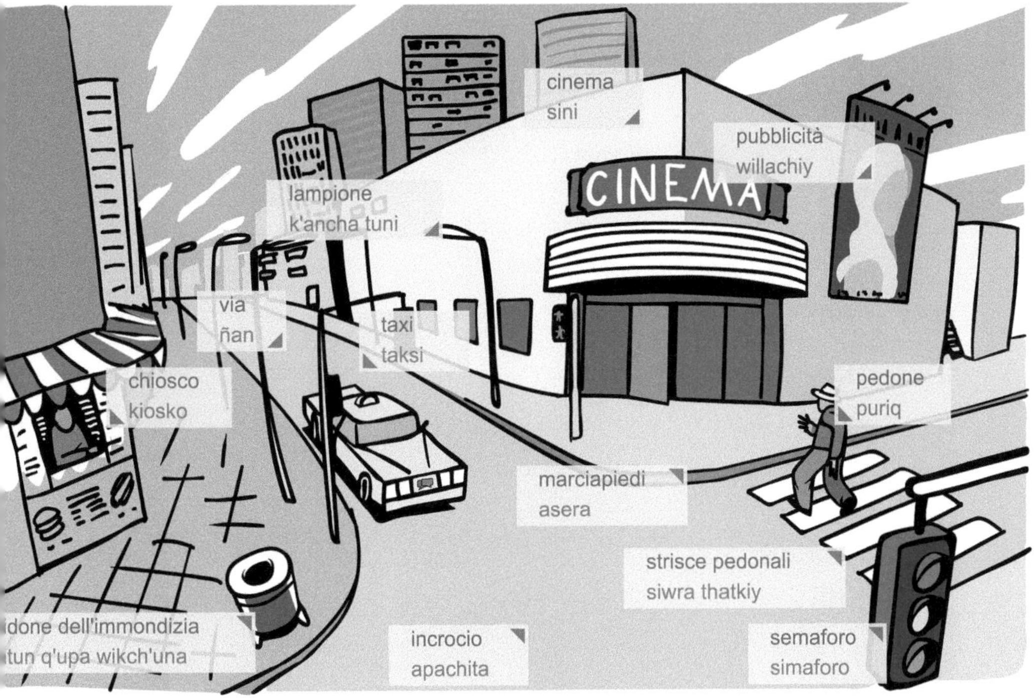

cinema
sini

pubblicità
willachiy

lampione
k'ancha tuni

via
ñan

taxi
taksi

chiosco
kiosko

pedone
puriq

marciapiedi
asera

strisce pedonali
siwra thatkiy

bidone dell'immondizia
q'upa wikch'una

incrocio
apachita

semaforo
simaforo

capanna
ch'ullka

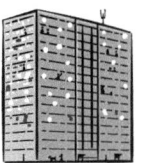

appartamento
apartamento

stazione
trin estasiun

municipio
tantanakuy wasi

museo
rikuchina wasi

scuola
yachay wasi

città - llaqta

università

Jatun yachaywasi

banca

qullqi pirwa

ospedale

Jampina wasi

hotel

tampu wasi

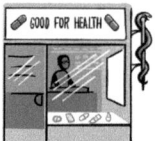

farmacia

jampi ranqhana wasi

uffico

ujisina

libreria

p'anqa pirwa

negozio

tienda

fioraio

t'ika wasi

supermercato

jatun qhatu

mercato

qhatu

grande magazzino

jatun pirwa

pescheria

challwa wasi

centro commerciale

jatun rantina wasi

porto

wamp'u qhispinan

città - llaqta

parco
jark'asqa chiqan

panchina
qullqi pirwa

ponte
chaka

scale
wichana

metropolitana
metro

galleria
suqhu

fermata dell'autobus
autuwus sayana

bar
bar

ristorante
mikhuna wasi

cassetta delle lettere
willa qillqa juch'uy wanqara

segnale stradale
t'uqsi tuni

parchimetro
parkimetro

zoo
jatun uywa kancha

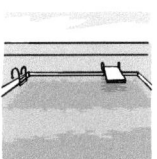

piscina
armakuna

moschea
meskita

città - llaqta

fattoria
chakra wasi

inquinamento
pacha unquchiq

cimitero
Aya pampa

chiesa
iñiy wasi

parco giochi
pukllana kancha

tempio
Qhapana

paesaggio
wanlla

- foglia — raphi
- cartello — sanampa
- strada — ñan
- prato — waylla
- pietra — rumi
- albero — sach'a
- escursionista — puriq runa
- fiume — mayu
- erba — sach'a
- fiore — t'ika

valle
qhichwa

collina
muqu

lago
qucha

bosco
Sach'a sach'a

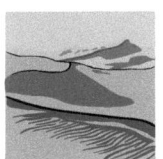
deserto
purun

vulcano
nina phuqchiq urqu

castello
kastilla wasi

arcobaleno
k'uychi

fungo
champiñun

palma
chunta

zanzara
ch'uspi

mosca
ch'uspi

formica
sik'imira

ape
wara

ragno
kusi kusi

paesaggio - wanlla

coleottero
ch'iqi

rana
k'ayra

scoiattolo
artilla

riccio
askanku

coniglio
liwre

civetta
ch'usiqa

uccello
p'isqu

cigno
yuku p'isqu

cinghiale
sintiru

cervo
sierwu

alce
alsi

diga di sbarramento
waykhasqa

turbina eolica
wayrakallpa

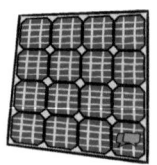

pannello solare
inti panil

clima
pacha wayra

ristorante
mikhuna wasi

- cameriere / wayna yanapaq
- menù / menu
- sedia / tiyana
- zuppa / supa
- pizza / pitsa
- posate / tumina
- tovaglia / mast'a jamp'ara

antipasto
ñawpaq mikhuna

piatto principale
yari mikhuna

dessert
mikhuy yapa

bevande
upyanakuna

cibo
mikhuna

bottiglia
wutilla

fast food
saqra ura

cibo di strada
kalli mikhuna

teiera
te churana

zuccheriera
misk'i churana

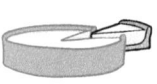

porzione
chhika

macchina del caffè
cajitira iksprisu

seggiolone
jatun tiyana

fattura
yupay

vassoio
bandija

coltello
tumi

forchetta
tinidur

cucchiaio
wislla uña

cucchiaino da tè
juch'uy wislla uña

tovagliolo
simi pichana

bicchiere
qhispi akilla

ristorante - mikhuna wasi

piatto
chuwa

piatto fondo
chuwa

piattino
chuwa

salsa
salsa

saliera
kachi churana

macinino da pepe
pimienta kutana

aceto
k'allkucha

olio
llukllu

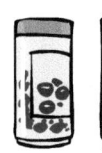

spezie
ch'aki q'mirkuna

ketch up
ketchup

senape
mostaza

maionese
mayonisa

ristorante - mikhuna wasi

supermercato
jatun qhatu

macelleria
aicha wasi

panetteria
t'anta wasi

pesare
llasay

verdura
q'umirkuna

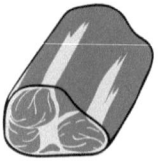

carne
aycha

surgelati
chhullunka mikhuna

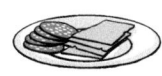

affettato
quqawi

conserve
mikhuna unaychasqa

detersivo
ditirjinti

dolciumi
misk'ikuna

casalinghi
wasimanta pruduktu

detersivo
maylla produkto

commessa
ranqhaq

cassa
kartun p'uktaki

cassiere
kajiru

lista della spesa
sinru qillqa rantina

orari d'apertura
sumaq runa uyarina phani

portafoglio
qullqi wayaqa

carta di credito
tarjita kriditumanta

sacchetto
plastiko wayaqa

sacchetto di plastica
plastiku wayaqa

supermercato - jatun qhatu

bevande
upyanakuna

acqua
yaku

succo di frutta
jilli

latte
ch'awa

vino
vino

birra
sirwisa

alcol
alkula

cacao
kakawu

tè
te

caffè
caji

espresso
ieksprisu

cappuccino
capuchinu

coca-cola
coca cola

cibo
mikhuna

banana
platanu

mela
mansana

arancio
laranja

melone
milun

limone
limun

carota
sanawrya

aglio
aju

bambù
wamwu

cipolla
siwulla

fungo
champiñun

noci
awillana

pasta
jirius

cibo - mikhuna

spaghetti
ispawiti

riso
arrus

insalata
sarsa

patatine fritte
papa kanka

patatine fritte
papa kanka

pizza
pitsa

hamburger
amwirkisa

sandwich
sanwich

cotoletta
jiliti

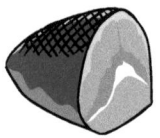

prosciutto
jamun

salame
salami

salsiccia
salchicha

pollo
chichilu

arrosto
aycha kanka

pesce
challwa

fiocchi di avena
p'aqa awina

muesli
muesli

corn flakes
p'aqa sara

farina
jak'u

croissant
krwasan

panino
k'awka

pane
t'anta

toast
t'anta jamk'a

biscotti
khamuna

burro
mantikilla

quark
ñuqñu

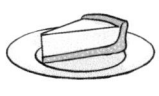

torta
pastil

uovo
runtu

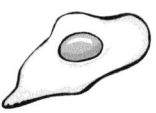

uovo al tegamino
runtu kanka

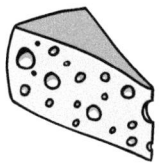

formaggio
masara

cibo - mikhuna

gelato
chullunka misk'i

zucchero
misk'i

miele
wayrunq'u misk'i

marmellata
mirmilara

crema gianduia
krima turrunmanta

curry
kurri

fattoria
chakra wasi

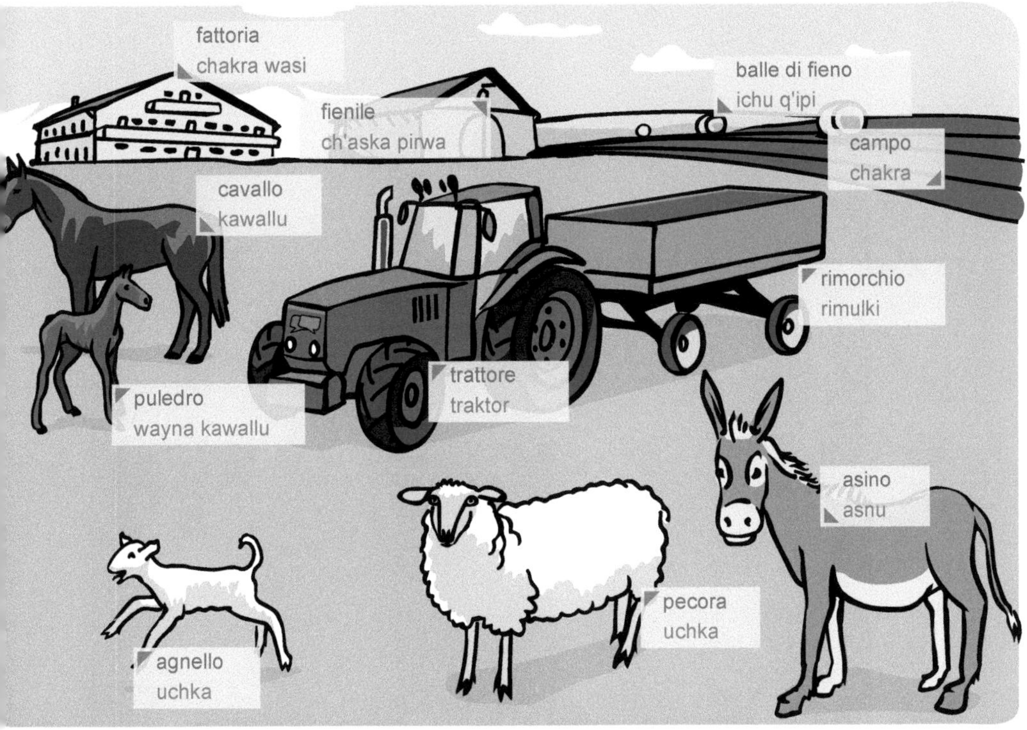

- fattoria — chakra wasi
- fienile — ch'aska pirwa
- balle di fieno — ichu q'ipi
- campo — chakra
- cavallo — kawallu
- rimorchio — rimulki
- puledro — wayna kawallu
- trattore — traktor
- asino — asnu
- pecora — uchka
- agnello — uchka

capra
karwa

mucca
waka

vitello
waka uña

maiale
khuchi

porcellino
khuchi uña

toro
turu

fattoria - chakra wasi

oca
wallata

anatra
pili

pulcino
chchilu

gallina
wallpa

gallo
k'anka

ratto
jatun juk'ucha

gatto
misi/michi

topo
juk'ucha

bue
turu

cane
alqu

cuccia
alquwasi

tubo d'irrigazione
mankira

annaffiatoio
qarpana jalp'a

falce
rutuna

aratro
taklla

fattoria - chakra wasi

falce
rutuna

zappa
liwk'ana

forcone
sipina

accetta
ayri

cariola
kapachu

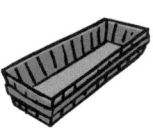

trogolo
yaku upyana

contenitore del latte
willalli purunku

sacco
jatun wayaqa

recinto
jark'aq ch'ipa

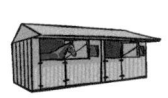

stalla
kancha wasi

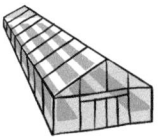

serra
inwirnadiru

terreno
pampa

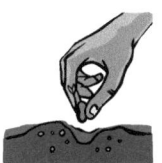

semina
muju

fertilizzante
wanu

trebbiatrice
makina allana

fattoria - chakra wasi

raccogliere
allay

raccolto
allay

igname
ñame

frumento
tiriwu

soia
soya

patate
papa

mais
sara

colza
kulsa luru

albero da frutta
wayu sach'a

manioca
mandiuka

cereali
ch'aki puquy

fattoria - chakra wasi

casa
wasi

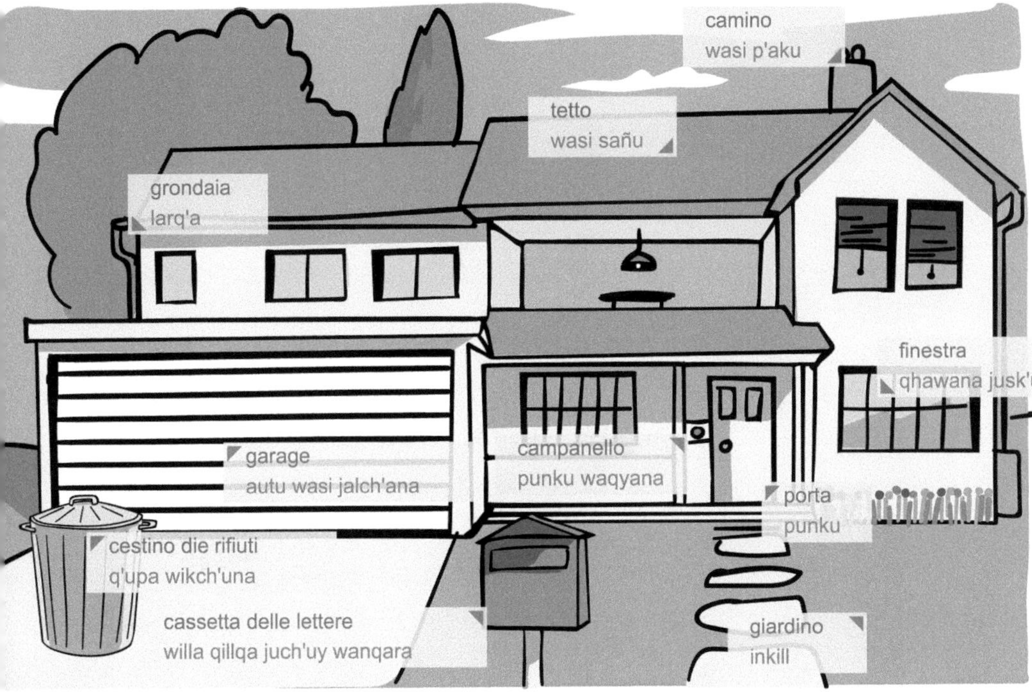

- camino — wasi p'aku
- tetto — wasi sañu
- grondaia — larq'a
- garage — autu wasi jalch'ana
- campanello — punku waqyana
- finestra — qhawana jusk'u
- porta — punku
- cestino die rifiuti — q'upa wikch'una
- cassetta delle lettere — willa qillqa juch'uy wanqara
- giardino — inkill

soggiorno
k'illi wanlla

bagno
akana wasi

cucina
wayk'una wasi

camera da letto
puñuna wasi

stanza dei bambini
wawa k'uchu

sala da pranzo
mikhuna k'uchu

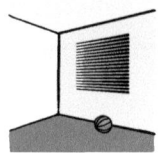

pavimento
pampa

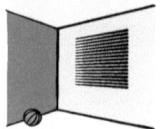

parete
pirqa

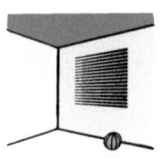

coperta
wasip khatan

cantina
wasi ukhun

sauna
sawna

balcone
walkun

terrazza
pirqa

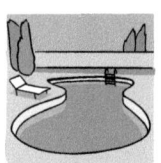

piscina
armakuna

tosaerba
k'achina

lenzuola
iqana

coperta
khatana

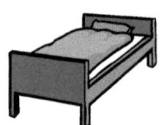

letto
puñuna

scopa
pichana

cestino
yaku aysana

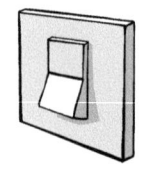

interruttore
k'ancha jap'ichiq

soggiorno
k'illi wanlla

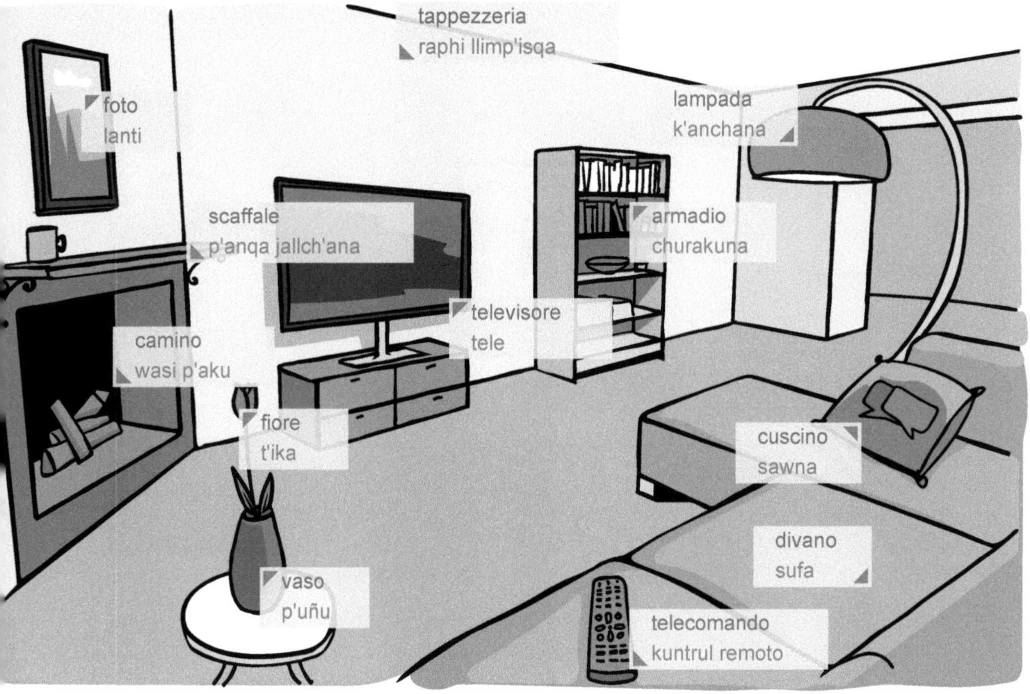

- tappezzeria / raphi llimp'isqa
- foto / lanti
- lampada / k'anchana
- scaffale / p'anqa jallch'ana
- armadio / churakuna
- camino / wasi p'aku
- televisore / tele
- fiore / t'ika
- cuscino / sawna
- divano / sufa
- vaso / p'uñu
- telecomando / kuntrul remoto

tappeto
pampa mast'ana

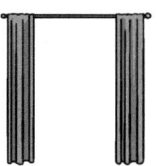

tenda
arapa

tavolo
jamp'ara

sedia
tiyana

sedia a dondolo
chhuku tiyana

poltrona
kirana

libro
p'anqa

coperta
mast'a

decorazione
t'ikanchay

legna da ardere
llamt'a

film
pelikula

impianto stereo
takina ekipu

chiavi
ch'atana

quotidiano
mit'awa

dipinto
llimp'i

poster
poster

radio
wayra simi

taccuino
qillqana p'anqa

aspirapolvere
aspiradora

cactus
pukru

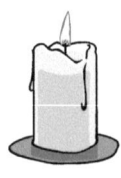
candela
ispilma

cucina
wayk'una wasi

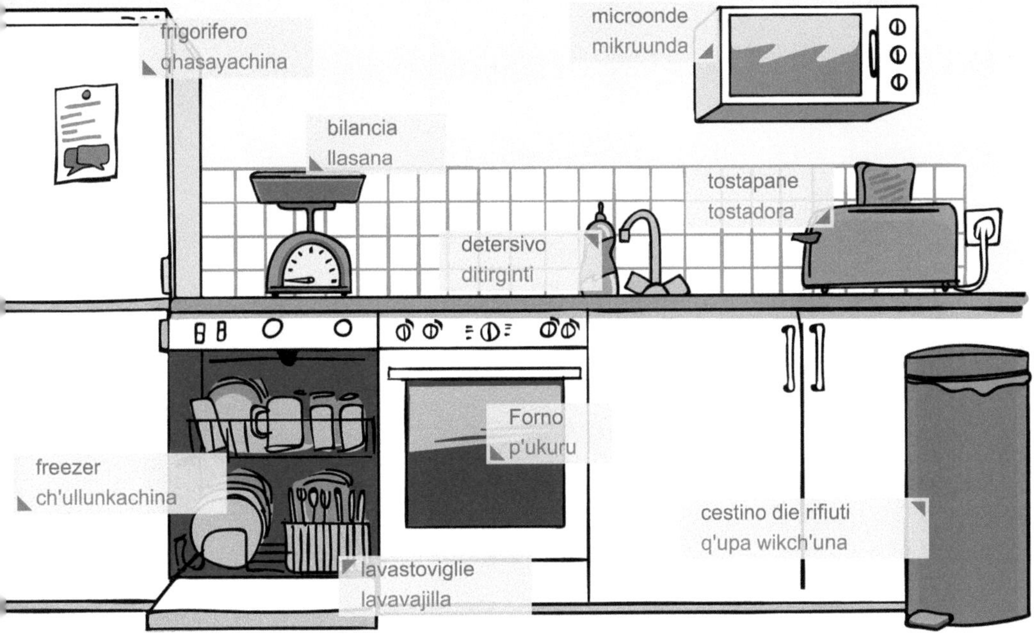

- frigorifero / qhasayachina
- microonde / mikruunda
- bilancia / llasana
- tostapane / tostadora
- detersivo / ditirginti
- Forno / p'ukuru
- freezer / ch'ullunkachina
- cestino die rifiuti / q'upa wikch'una
- lavastoviglie / lavavajilla

fornello
presiun manka

pentola
manka

padella di ferro
q'illa manka

wok / kadai
wok

padella di ferro
payla

bollitore per l'acqua
thimpuchina

Forno a vapore
wapsina

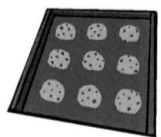
teglia
p'ukuru punku

stoviglie
vajilla

tazza
tasa

buccia
tason

bacchette
palillo

mestolo
wislla

paletta da cucina
phusuqa urquna

frusta
qaywina

scolapasta
isanka

setaccio
suysuna

grattuggia formaggio
thupana

mortaio
kutana

barbecue
kawitu

focolare
nina jap'ichina

cucina - wayk'una wasi

tagliere
k'ullu kuchunapaq

mattarello
tuquru

cavatappi
sacacurchu

lattina
lata

apriscatole
lata kichana

presina
jap'ina

lavandino
chuwa mayllana

spazzola
sipillu

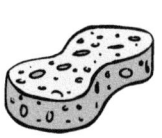

spugna
ispunja

frullatore
watidora

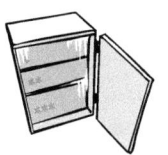

congelatore
ch'ullunkachina

biberon
biberon

rubinetto
grifo

cucina - wayk'una wasi

bagno
akana wasi

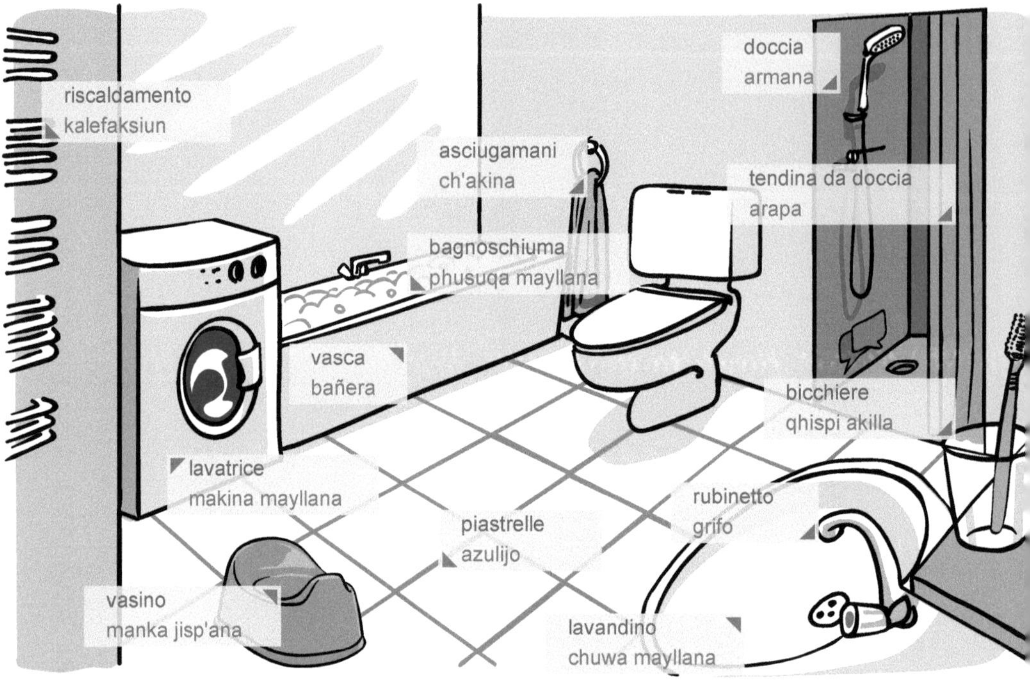

- riscaldamento / kalefaksiun
- asciugamani / ch'akina
- doccia / armana
- tendina da doccia / arapa
- bagnoschiuma / phusuqa mayllana
- vasca / bañera
- bicchiere / qhispi akilla
- lavatrice / makina mayllana
- piastrelle / azulijo
- rubinetto / grifo
- vasino / manka jisp'ana
- lavandino / chuwa mayllana

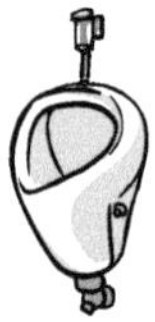

toilette	urinatoio turco	bidet
akana	yakupaka	bidet
urinatoio	carta igienica	spazzola da water
jisp'ana	papel higieniku	water pichana

spazzolino da denti
kiru khituna

dentifricio
kiru pasta

filo interdentale
kiru q'aytu

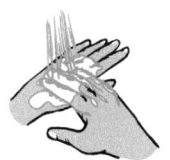
lavare
mayllay

doccetta
armana makiwan

doccia intima
armana

bacinella
pila

spazzola da bagno
wasa cepillo

sapone
t'arta

gel da doccia
llukllu armanapaq

shampoo
champu

manopola
ch'akina

scarico
ch'chi yaku wikch'una

crema
krima

deodorante
kuntu wayllak'upaq

bagno - akana wasi

specchio
qhispi

specchio
qhawakunaqhispi

rasoio
mumikuna

schiuma da barba
phusuqu mumikunapaq

dopobarba
lusiun mumikunapaq

pettine
sikrana

spazzola
kuiru khituna

fon
sekadora

lacca
ispray

make up
makillaji

rossetto
simi llimp'ina

smalto
llimp'i sillu

ovatta
ampi

forbice per unghie
sillu k'utuna

profumo
untu

borsetta da bagno
wayaqa ch'usanapaq

sgabello
chukuna

bilancia
aysana

accappatoio
bata

guanti
maki wayaqa gumamanta

assorbente
tampon

assorbenti
raphi ch'akina

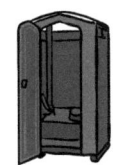
bagno chimico
akanapaq tiyana kimiku

stanza dei bambini
wawa k'uchu

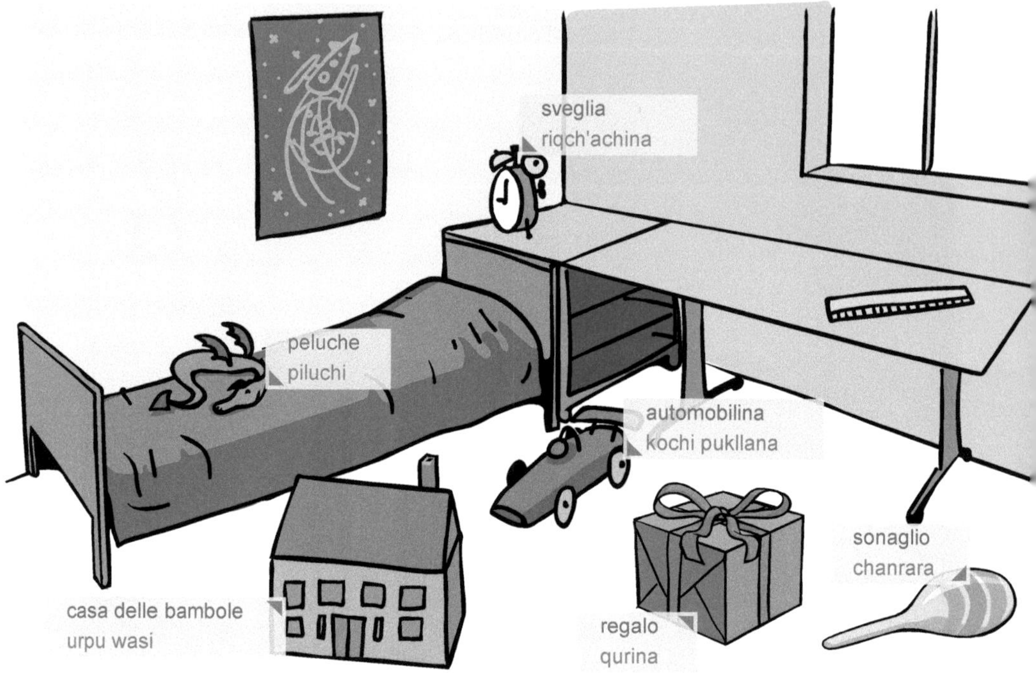

sveglia
riqch'achina

peluche
piluchi

automobilina
kochi pukllana

casa delle bambole
urpu wasi

regalo
qurina

sonaglio
chanrara

palloncino
phuyu phuku

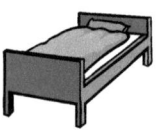

letto
puñuna

passeggino
wawa kochi

mazzo di carte
naypi

puzzle
pusli

comic
riwista

lego
legukuna

mattoncini
wluki pukllana

action figure
figura aksionmanta

tutina
wuri wawapaq

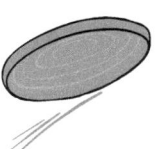
frisbee
friswi

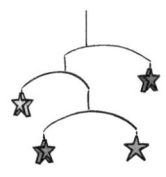
giostrina
wawa marq'a

gioco da tavolo
jamp'ara pukllana

dadi
dado

trenino
trin iliktriko purina

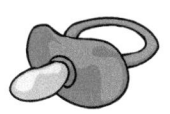
ciuccio
maniki

festa
raymi

libro illustrato
futu p'anqa

palla
p'ulu

bambola
urpu

giocare
pukllay

stanza dei bambini - wawa k'uchu

sabbiera
t'iyu p'utaki

altalena
wallunk'a

giocattolo
pukllana

console
wiriukunsula

triciclo
trisiklu

orsetto
jukumari pukllana

guardaroba
p'acha jallch'ana

vestiti
p'acha

calzini
chakiwayaqa

calze
chakiwayaqa qharipaq

collant
chakiwayaqa

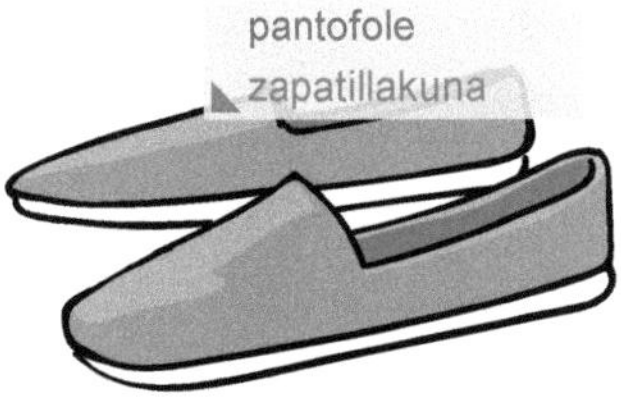

sciarpa
chalina

ombrello
parawa

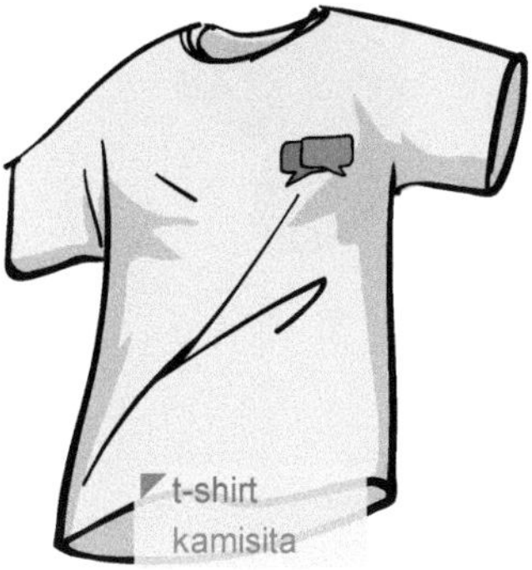

t-shirt
kamisita

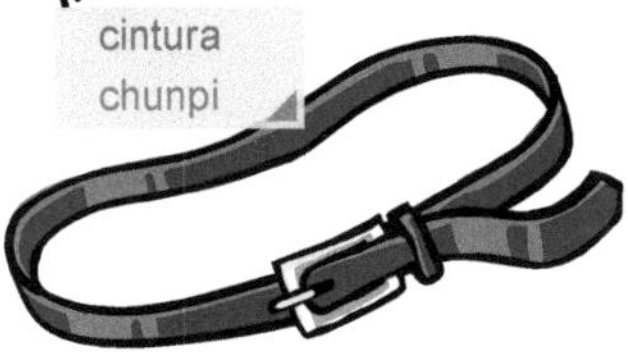

cintura
chunpi

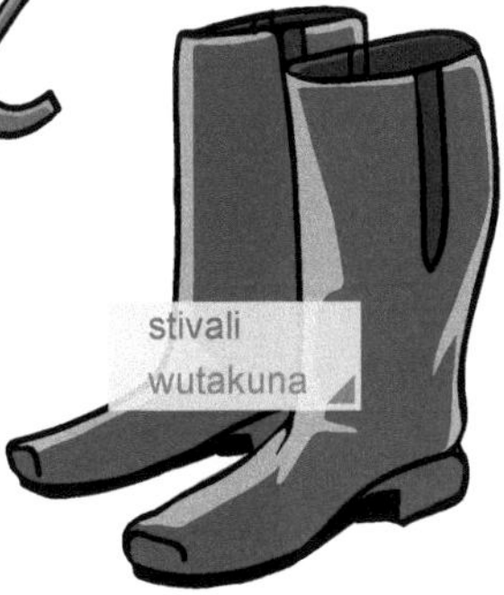

sneakers
tinis

stivali
wutakuna

pantofole
zapatillakuna

sandali
llanq'i

scarpe
phapatukuna

stivali di gomma
wutakuna parapaq

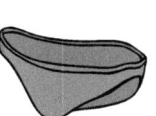

mutande
ukhu p'acha

reggiseno
sustin

canottiera
chaliku

vestiti - p'acha

body
wuri

pantaloni
pantalu kurtu

jeans
wakiru

gonna
arphi

camicetta
wulusa

camicia
kamisa

pullover
chumpa

felpa
chumpa

giacca
blazer

giacca
chakita

cappotto
qhata

impermeabile
yawardina

tailleur
traji

abito
wistiru

abito da sposa
wistiru nowiamanta

vestiti - p'acha

abito (da uomo)

traji

camicia da notte

kamisun

pigiama

piyama

sari

sari

foulard

wandana

turbante

turbante

burka

burka

kaftano

kaftan

abaya

abaya

costume da bagno

traje mayllakunapaq

costume da bagno (maschile)

p'acha mayllakunpaq

pantaloncini

kurtu

tuta da ginnastica

p'acha tukuy p'unchawpaq

grembiule

dilantal

guanti

makiwayaqa

vestiti - p'acha

bottone
ch'itana

occhiali
gafakuna

braccialetto
maki watana

collana
wallqa

anello
siwi

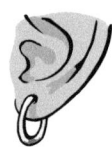

orecchino
linri quri

berretto
q'aspa

appendiabiti
p'acha warkhuna

cappello
chharara

cravatta
kurbata

zip
pantalu wisk'ana

casco
kasku

bretelle
tirantikuna

uniforme
uniforme

uniforme
uniformi

vestiti - p'acha

bavaglino

llawsanapaq

ciuccio

maniki

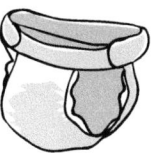
pannolini

jananta

uffico
ujisina

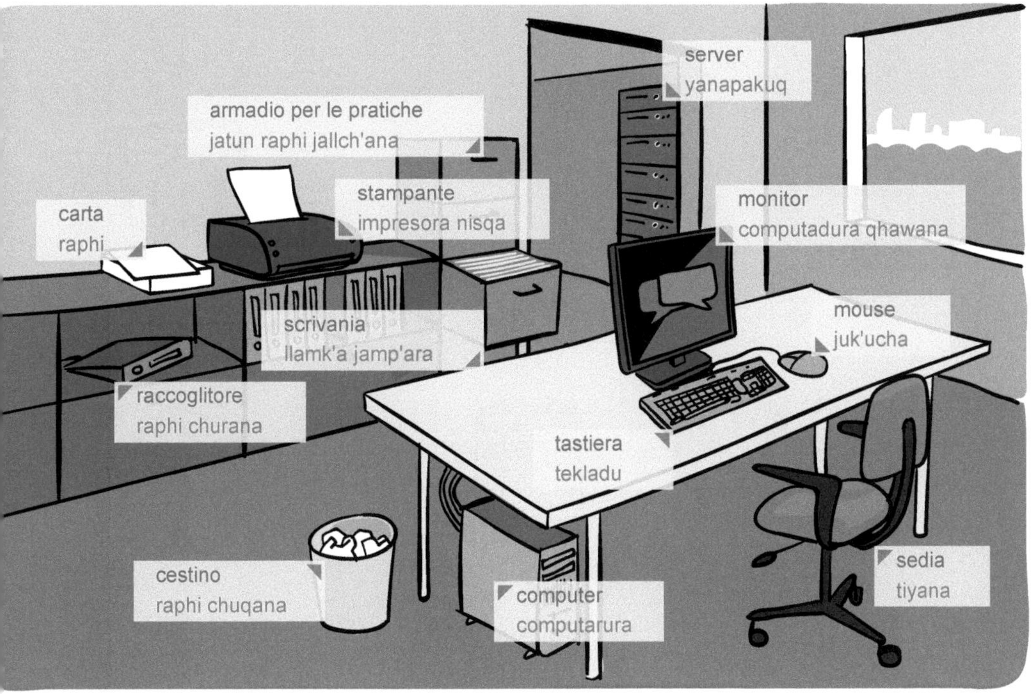

- armadio per le pratiche / jatun raphi jallch'ana
- stampante / impresora nisqa
- server / yanapakuq
- carta / raphi
- monitor / computadura qhawana
- scrivania / llamk'a jamp'ara
- mouse / juk'ucha
- raccoglitore / raphi churana
- tastiera / tekladu
- cestino / raphi chuqana
- computer / computarura
- sedia / tiyana

tazza da caffè

tasa cajimanta

calcolatrice

calcularura

internet

intirnit

portatile
laptop

lettera
chaki qillqa

messaggio
willachiy

cellulare
silular

rete
red

fotocopiatrice
futukopia

software
software

telefono
tilijunu

spina
toma corriente

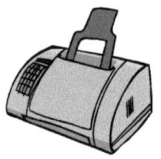
fax
faks

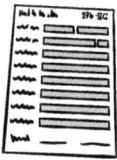
modulo
jurmulario

documento
asuy qillqa

economia
qullqikamay

comprare
ranqhay

pagare
qupuy

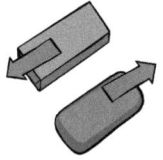
commerciare
ranqhay

soldi
qullqi

dollaro
dólar qullqi

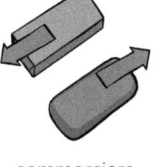

euro
iwro qullqi

yen
yen qullqi

rublo
ruwlu qullqi

franco svizzero
juranku swisu qullqi

renminbi yuan
rinminwi qullqi

rupia
rupia qullqi

bancomat
kajiru awtumatiku

uffico di cambio

qullqi rantina wasi

oro

quri

argento

qullqi

petrolio

pitruliu

energia

kallpa

prezzo

yupa

contratto

mink'ay

tassa

impuistu

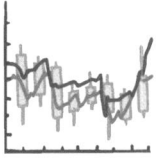

azioni

aksiun

lavorare

llamk'ay

impiegato

llamk'achiq

datore di lavoro

llamk'achiq

fabbrica

puquchiy kiti

negozio

tienda

economia - qullqikamay

professioni
llamk'aykuna

poliziotto
ajinti policiamanta

vigile del fuoco
wumwiru

cuoco
wayk'uq

medico
jampi kamayuq

pilota
pilutu

giardiniere
inkill kamayuq

falegname
llaqllaykamayuq

sarta
siraykamayuq

giudice
khuskachaq

chimico
jampi ranqhaq

attore
aranwaq

autista dell'autobus

awtuwus q'iwiq

tassista

taksi q'iwiq

pescatore

challwakamayuq

donna delle pulizie

pichaq

copritetto

wasip qhatan

cameriere

wayna yanapaq

cacciatore

chakuykamayuq

pittore

llimp'iq

fornaio

t'antiri

elettricista

iliktrisista

operaio edile

llam'kaq

ingegnere

k'llikacha

macellaio

ñak'aq

idraulico

yaku kamayuq

postino

qillqa apaq

professioni - llamk'aykuna

soldato

awqakuq

architetto

wasikamayuq

cassiere

kajiru

fioraio

t'ikachaq

parrucchiere

chukcharutuq

controllore

q'iwichiq

meccanico

mikaniku

capitano

wamink'a

dentista

kirukamayuq

scienziato

jamawt'a

rabbino

rawinu

imam

k'askachimuq

monaco

munji

clerico

tata kura

professioni - llamk'aykuna

attrezzi
ruk'awi

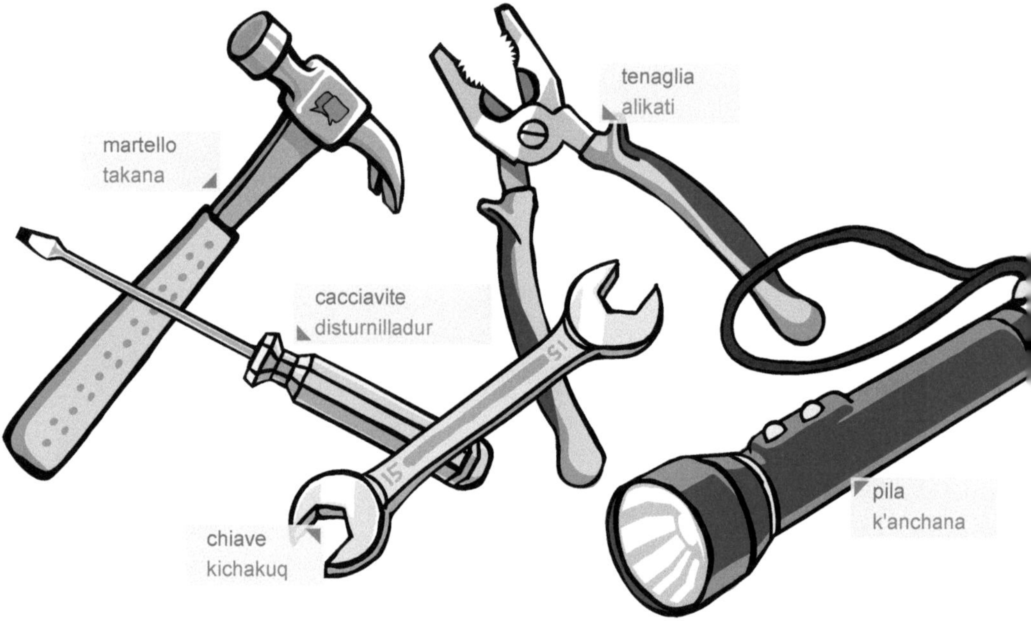

martello
takana

tenaglia
alikati

cacciavite
disturnilladur

chiave
kichakuq

pila
k'anchana

ruspa

ikskawadura

cassetta degli attrezzi

ruk'awi p'uktaki

scala

wichana makiyuq

sega

sierra

chiodi

takarpu

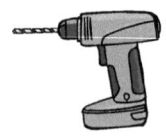

trapano

talaru

riparare
allinchay

pala
lampa

Dannazione!
¡Supay apachun!

paletta per l'immondizia
q'upa tantana

barattolo di colore
llimp'i churana

viti
turnillukuna

strumenti musicali
takichiy nakuna

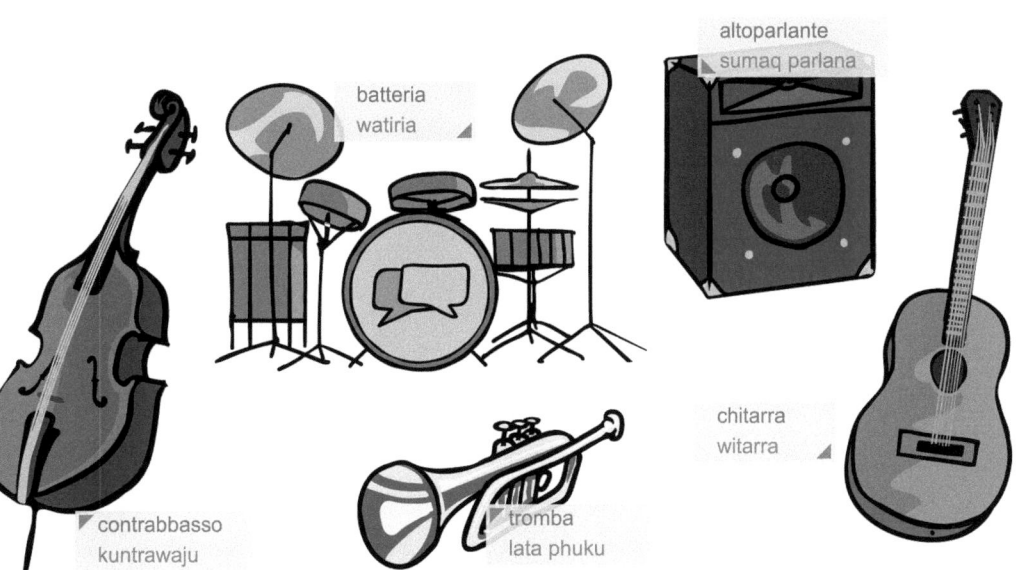

batteria
watiria

altoparlante
sumaq parlana

contrabbasso
kuntrawaju

tromba
lata phuku

chitarra
witarra

pianoforte
pianu

violino
wiulin

basso
waju

timpano
tinwalis

tamburo
wankar

tastiera
tikladu

sassofono
saksu

flauto
phukuna

microfono
mikrufunu

strumenti musicali - takichiy nakuna

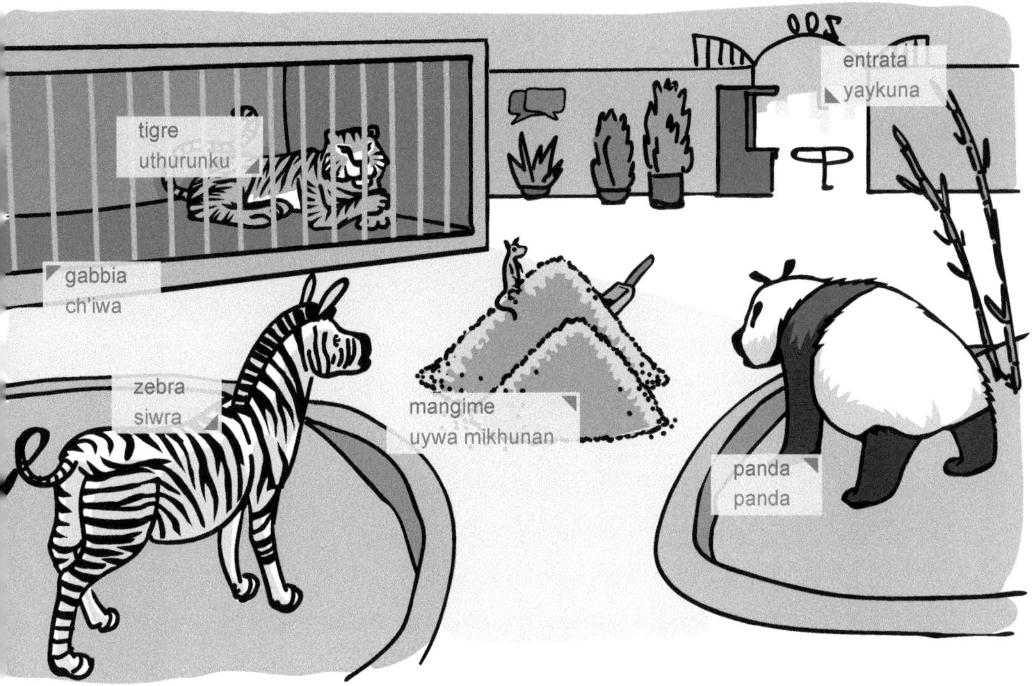

zoo
jatun uywa kancha

- tigre / uthurunku
- gabbia / ch'iwa
- zebra / siwra
- entrata / yaykuna
- mangime / uywa mikhunan
- panda / panda

animali
uywa

elefante
ilijanti

canguro
kanguru

rinoceronte
rinusirunti

gorilla
gurila

orso
jukumari

cammello
kamillu

struzzo
suri

leone
puma

scimmia
k'usillu

fenicottero
pariwana

pappagallo
q'ichichi

orso polare
pular jukumari

pinguino
pinwinu

squalo
tiwurun

pavone
pawu

serpente
katari

coccodrillo
kukuwurilu

guardiano
jatun uywa kancha arariwa

foca
fuka

giaguaro
uthurunku

zoo - jatun uywa kancha

pony
puni

leopardo
lliwpardu

ippopotamo
hipuputamu

giraffa
jirafa

aquila
anka

cinghiale
sintiru

pesce
challwa

tartaruga
turtuga

tricheco
mursa

volpe
atuq

gazzella
gacila

zoo - jatun uywa kancha

sport
atipanaku pukllay

attività
ruwakuna

- saltare / phinkiy
- ridere / asiy
- abbracciare / mak'alliy
- camminare / puriy
- cantare / takiy
- sognare / musquy
- pregare / mañakuy
- baciare / much'ay

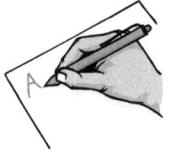

scrivre
qillqay

disegnare
t'iktuy

mostrare
qhawachiy

spingere
tanqay

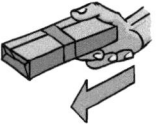

dare
quy

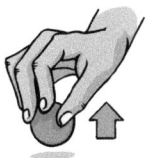

prendere
uqhariy

attività - ruwakuna

avere
yuq

fare
ruway

essere
kay

stare (in piedi)
sayay

correre
t'ijuy

tirare
chuqay

gettare
chuqay

cadere
urmay

sdraiarsi
siriy

aspettare
suyay

portate
apay

sedere
chukuchiy

vestirsi
p'achachakuy

dormire
puñuy

svegliarsi
rikch'ay

guardare
qhaway

piangere
waqay

accarezzare
waylluy

pettinare
sikray

parlare
rimay

capire
unanchay

domandare
tapuy

ascoltare
uyariy

bere
upyay

mangiare
mikhuy

riordinare
kamachiy

amare
khuyay

cucinare
wayk'uy

guidare
q'iwiy

volare
phaway

attività - ruwakuna

veleggiare
wamp'uy

calcolare
yupanchay

leggere
ñawiriy

imparare
yachay

lavorare
llamk'ay

sposare
sawaray

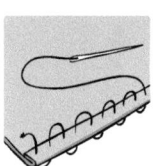
cucire
siray

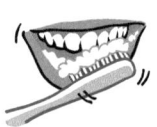
lavarsi i denti
kiru khitukuy

uccidere
wanchiy

fumare
pitay

spedire
kachay

famiglia
yawar masikuna

nonna
jatun mama

nonno
jatun tata

padre
tata

madre
mama

bebè
wawa

figlia
warmi wawa/ ususi

figlio
qhari wawa/ churin

ospite

jamuynisqa

zia

ipa

zio

kaki

fratello

tura/wawqi

sorella

ñaña/pana

corpo
uqhu

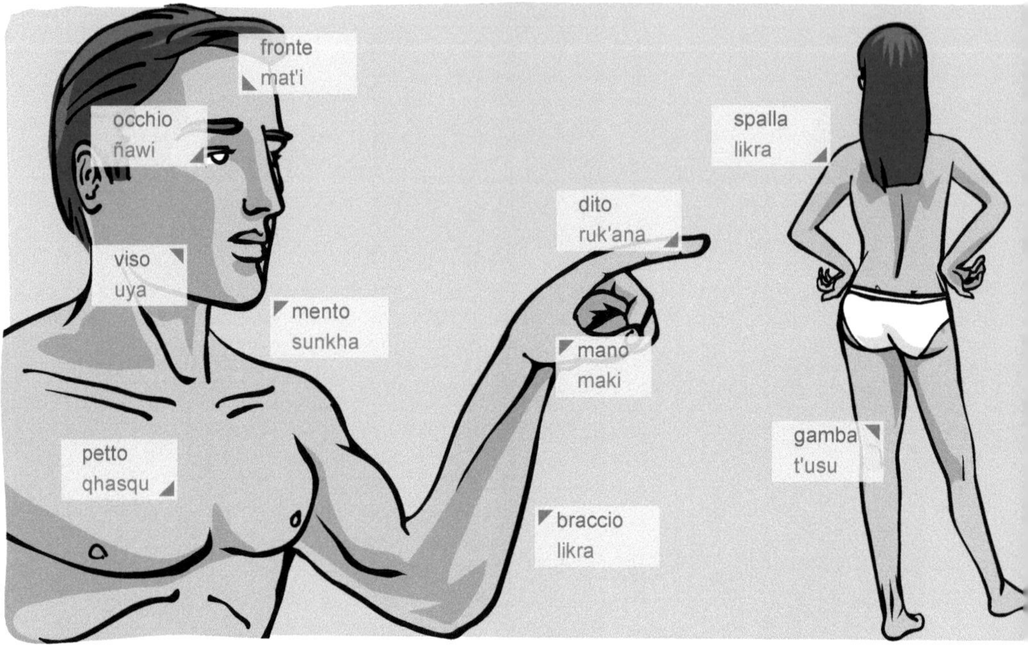

fronte — mat'i
occhio — ñawi
spalla — likra
dito — ruk'ana
viso — uya
mento — sunkha
mano — maki
petto — qhasqu
gamba — t'usu
braccio — likra

bebè
wawa

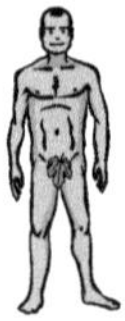

uomo
qhari

signora
warmi

ragazza
sipas

ragazzo
yuqalla

testa
uma

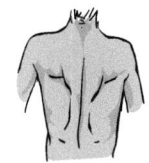

schiena
wasa

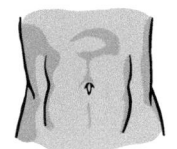

addome
wisa ukhu

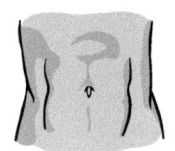

ombelico
pupu

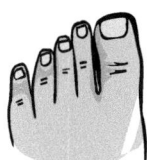

dito del piede
ruk'ana

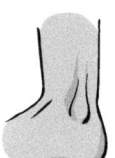

tallone
takillpa

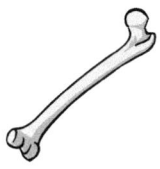

ossa
tullu

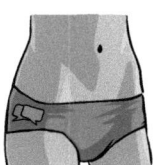

anca
chaka

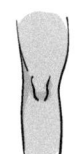

ginocchio
muqu

gomito
maki muqu

naso
sinqa

sedere
siki

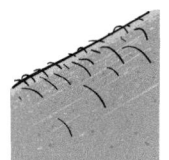

pelle
qara

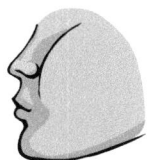

guancia
k'aqlla

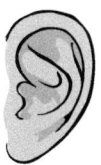

orecchio
linri

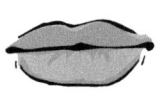

labbra
sipri

corpo - uqhu

bocca
simi

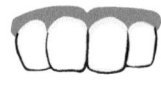

dente
kiru

lingua
qallu

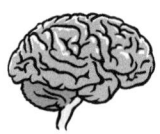

cervello
ñuqtu

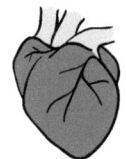

cuore
sunqu

muscolo
mach'i

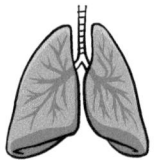

polmone
surq'an

fegato
k'iwicha

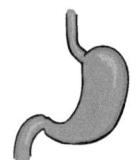

stomaco
wisa

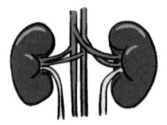

reni
wasa ruru

rapporto sessuale
lluq'anaku

preservativo
condon

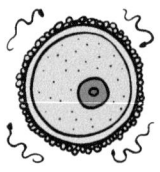

ovulo
ch'uytu

sperma
yuma

gravidanza
wiksayuq kay

corpo - uqhu

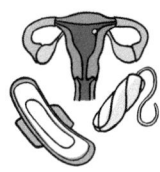
mestruazioni
k'ikuy

vagina
rakha

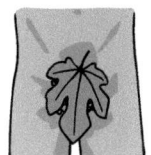
pene
ullu

sopracciglio
qhichira

capelli
chukcha

collo
kunka

corpo - uqhu

ospedale
Jampina wasi

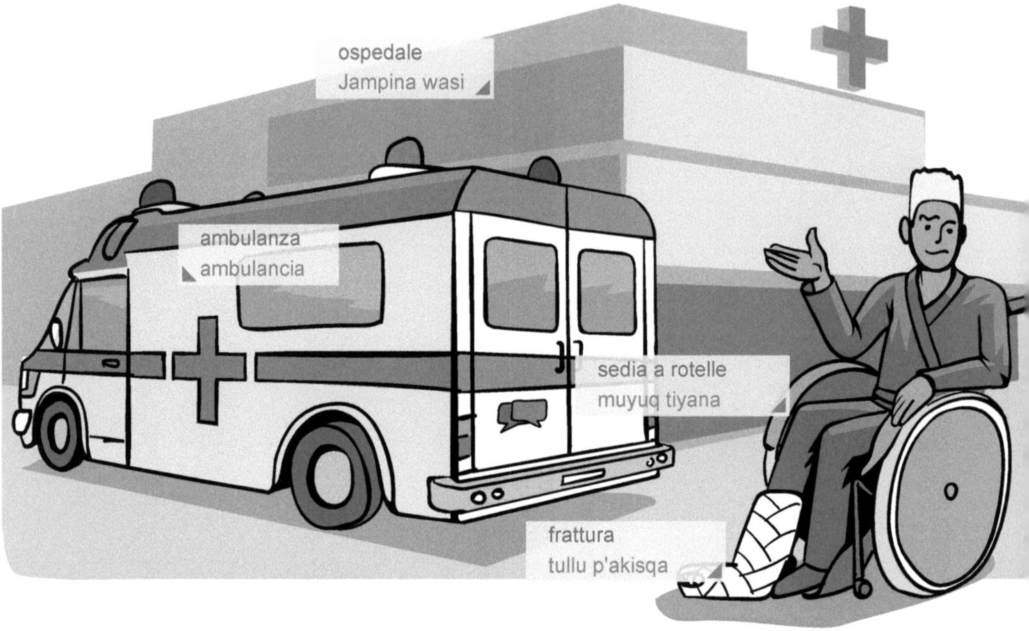

ospedale
Jampina wasi

ambulanza
ambulancia

sedia a rotelle
muyuq tiyana

frattura
tullu p'akisqa

medico

jampi kamayuq

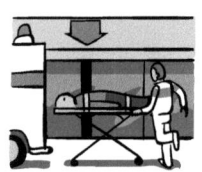

pronto soccorso

urgencia wasi

infermiera

jampi yanapaq

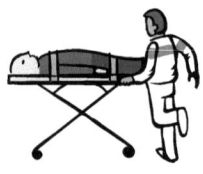

emergenza

urjinsia

svenuto

mana yuyayniyuqchu

dolore

nanay

ferita
ñuti

ferita
sirk'ay

infarto cardiaco
infarto

ictus
wayra

allergia
millachikuq

tosse
ch'uju

febbre
k'aja unquy

influenza
p'urqi

diarrea
q'icha

mal di testa
uma nanay

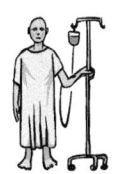
cancro
isqu unquy

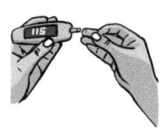
diabete
diyawitis

chirurgo
jampi kamayuq

bisturi
bisturi

operazione
upirasiun

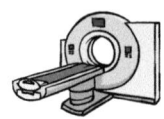	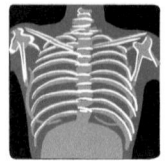	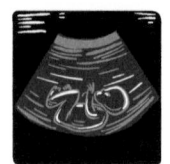
tomografia	raggi x	ecografia
TAC	tullurikuchi	ultrasunidu

mascherina	malattia	sala d'attesa
jark'ana	unquy	suyanapaq k'illi wanlla
	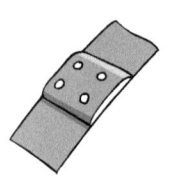	
stampelle	cerotto	bendaggio
tawna	tinta	manku
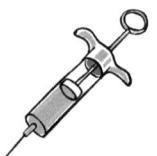	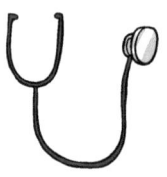	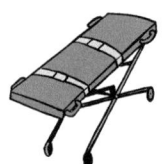
iniezione	stetoscopio	barella
inyiksiun	istituskupiu	kallapu

termometro	nascita	sovrappeso
llaphi tupuna tupu	paqarisqa	wirachasqa

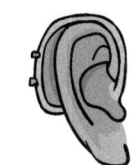
apparecchio acustico
audifono

disinfettante
disinjiktanti

infezione
q'iyacha

virus
miyu

HIV / AIDS
VIH / SIDA

medicina
jampi

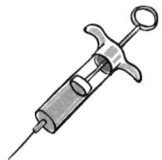
vaccino
wakuna

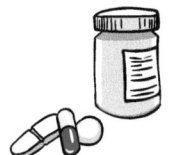
pastiglia
tawlitakuna

pillola
pastilla

chiamata d'emegenza
usqay waqyana

misuratore di pressione
tinsiumitru

malato / sano
unqusqa / qhali

ospedale - Jampina wasi

emergenza
urjinsia

Aiuto!
¡Yaw!

allarme
alarma

aggressione
manchay

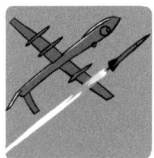

attacco
waykha

pericolo
chhiki

uscita d'emergenza
punku utqay lluqsinapaq

fuoco!
¡Nina!

estintore
nina wañichiq

incidente
ñak'ariy

kit di primo soccorso
botiquin de primeros auxilios

SOS
SOS

polizia
pulisiya

terra
Pacha

Europa
Iwrupa

Nord America
Chincha Amerika

Sud America
Qulla Amerika

Africa
Ajurika

Asia
Asia

Australia
Awstralia

Atlantico
Atlantiku

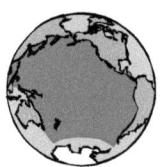
Pacifico
Pasijiku

Ocenao indiano
Indiku mama qucha pacha

Oceano antartico
Antartiku mama qucha pacha

Oceano artico
Artiku mama qucha pacha

Polo nord
chincha pulu

Polo sud
qulla pulu

Antartico
Antartida

terra
Pacha

paese
jallp'a

Mare
mama qucha

isola
tara

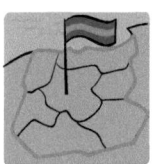
nazione
llaqta

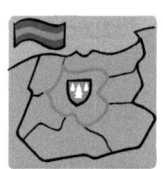
stato
Suyu

orologio
phani (kuna)

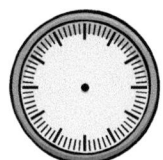
quadrante
muruq'u

lancetta delle ore
phani tuqsiq

lancetta dei minuti
chininiq

lancetta dei secondi
ch'ipu yupaq

Che ore sono?
¿Ima phanitaq?

giorno
p'unchaw

tempo
pacha

ora
kunan

orologio digitale
dijital inti watana

minuto
chinini

ore
phani

settimana
qanchischaw

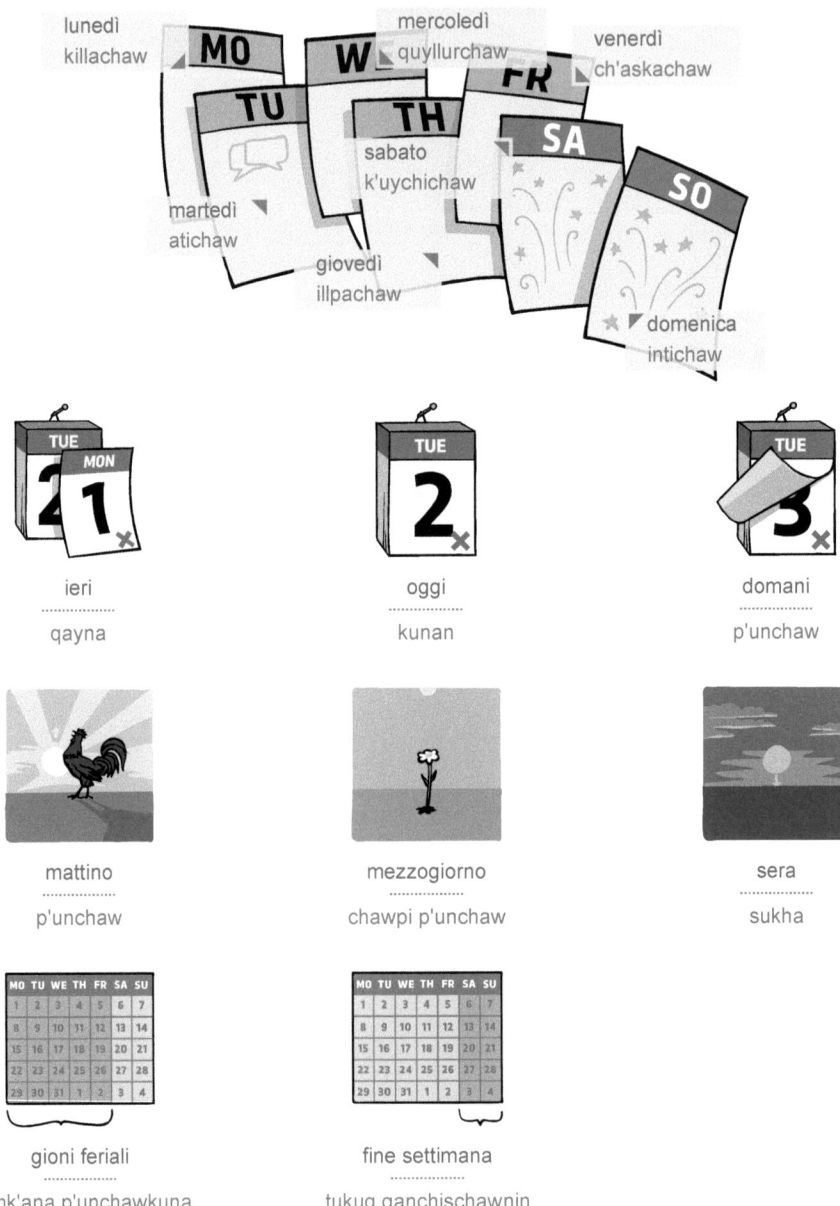

lunedì — killachaw
martedì — atichaw
mercoledì — quyllurchaw
giovedì — illpachaw
venerdì — ch'askachaw
sabato — k'uychichaw
domenica — intichaw

ieri — qayna
oggi — kunan
domani — p'unchaw

mattino — p'unchaw
mezzogiorno — chawpi p'unchaw
sera — sukha

gioni feriali — llamk'ana p'unchawkuna
fine settimana — tukuq qanchischawnin

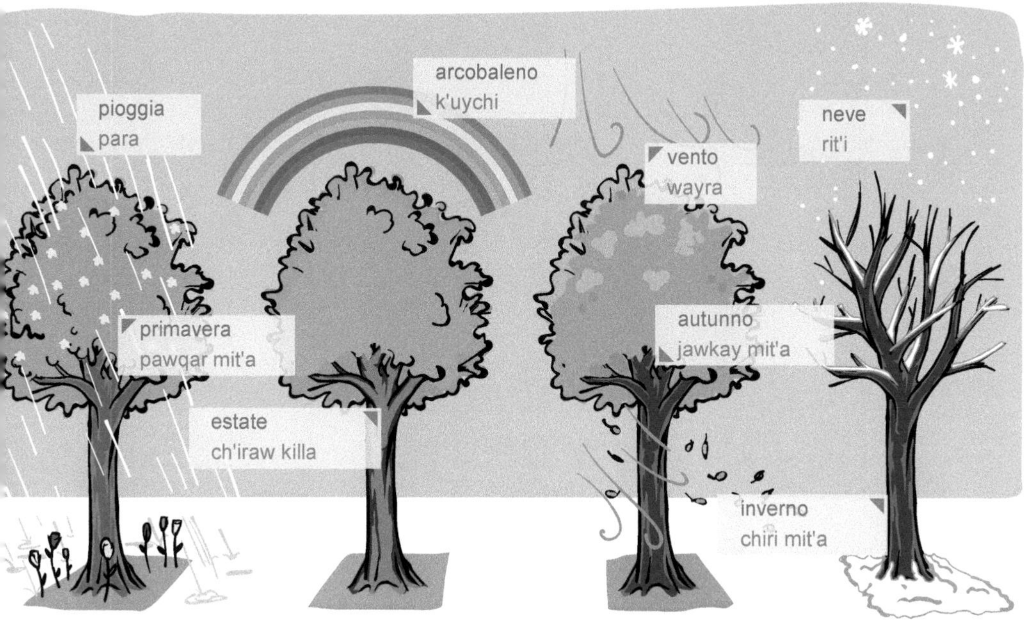

anno
wata

- pioggia / para
- arcobaleno / k'uychi
- neve / rit'i
- vento / wayra
- primavera / pawqar mit'a
- estate / ch'iraw killa
- autunno / jawkay mit'a
- inverno / chiri mit'a

previsioni del tempo
inti raki

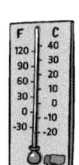

termometro
tirmumitru

raggio di sole
inti

nuvola
phuyu

nebbia
phuyu

umidità
juq'u

lampo
illapa

tuono
illapa

tempesta
tamya

grandine
chikchi

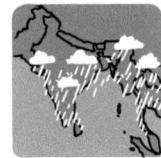
monsone
muyuq wayra

marea
lluqlla

ghiaccio
chullunka

gennaio
qhaqmiy killa

febbraio
jatunpuquy killa

marzo
pachapuquy killa

aprile
ariwaki killa

maggio
aymuray killa

giugno
jawkaykuskuy killa

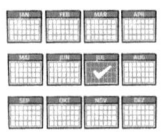
luglio
chakrakunakuy killa

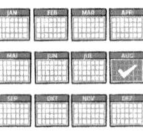
agosto
chakraypuy killa

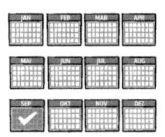
settembre
tarpuy killa

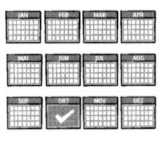
ottobre
pawqarwara killa

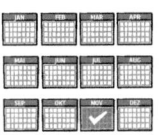
novembre
ayamarq'ay killa

dicembre
qhapaq inti raymi killa

forme
pacha tupusqa rikch'ay

cerchio
muyu yupa

quadrato
tawak'uchu yupa

rettangolo
sayt'u yupa

triangolo
kimsa k'uchu yupa

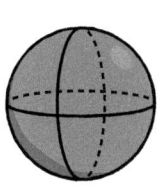
sfera
muruq'u

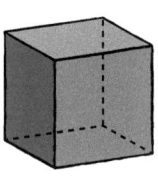
cubo
yupa wayru

colori
llimp'ikuna

bianco
yurak

giallo
q'illu

orancione
willapi

fucsia
panti

rosso
puka

lilla
kulli

blu
anqas

verde
q'umir

marrone
ch'umpi

grigio
uqi

nero
yana

contrari
wakjinakuna

molto / poco

achkha / pisi

arrabbiato / tranquillo

phiña / qhasi

bello / brutto

k'acha / millay

inizio / fine

qallariy / tukuy

grande / piccolo

jatun / juch'uy

chiaro / scuro

sut'i / tuta

fratello / sorella

wawqi / pana

pulito / sporco

llimphu / ch'ichi

completo / incompleto

junt'asqa / mana junt'asqa

giorno / notte

p'unchaw / tuta

morto / vivo

wañusqa / kawsaq

largo / stretto

chhuqu / k'ichki

commestibile / immangiabile
....
mikhunapaq / mana mikhunapaqchu

cattivo / buono
....
sakra / k'acha

eccitato / annoiato
....
kusisqa / majisqa

grasso / magro
....
rakhu / tullu

primo / ultimo
....
ñawpaq / qhipa

amico / nemico
....
masi / awqa

pieno / vuoto
....
junt'a / ch'in

duro / morbido
....
k'urki / llamp'u

pesante / leggero
....
llasa / chhalla

fame / sete
....
yarqhay / ch'akiy

malato / sano
....
unqusqa / qhali

illegale / legale
....
chanin / mana chanin

intelligente / stupido
....
yuyaysapa / upa

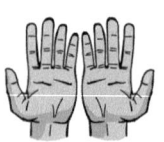

sinistra / destra
....
lluq'i / paña

vicino / lontano
....
qaylla / karu

contrari - wakjinakuna

nuovo / usato
musuq / mawk'a

niente / qualcosa
ch'usaq / imapis

vecchio / giovane
machu / wayna

acceso / spento
jap'isqa / wanchisqa

aperto / chiuso
kichasqa / wisq'asqa

silenzioso / rumoroso
ch'in / ch'aqwa

ricco / povero
qhapaq / wakcha

giusto / sbagliato
chiqan / mana chiqan

ruvido / liscio
qhachqa / llamp'u

triste / felice
llakisqa / kusi

corto / lungo
k'aka / karu

lento / veloce
jayra / utqay

bagnato / asciutto
juq'u / ch'aki

caldo / fresco
rupha / chiri

guerra / pace
awqay / sunqu tiyakuy

contrari - wakjinakuna

numeri
yupaykuna

0 zero — ch'usak

1 uno — uk

2 due — iskay

3 tre — kimsa

4 quattro — tawa

5 cinque — phichqa

6 sei — suqta

7 sette — qanchis

8 otto — pusaq

9 nove — jisq'un

10 dieci — chunka

11 undici — chunka ukniyuq

12

dodici
chunka iskayniyuq

13

tredici
chunka kimsayuq

14

quattordici
chunka tawayuq

15

quindici
chunka phichkayuq

16

sedici
chunka suqtayuq

17

diciassette
chunka qanchisniyuq

18

diciotto
chunka pusaqniyuq

19

diciannove
chunka jsq'unniyuq

20

venti
iskay chunka

100

cento
pacha

1.000

mille
waranqa

1.000.000

milione
junu

lingue
simikuna

Inglese

inklis simi

Inglese americano

amerikanu inklis simi

Cinese mandarino

mandarin chinu simi

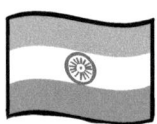

Hindi

jindi simi

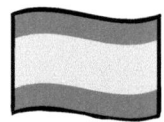

Spagnolo

castilla simi

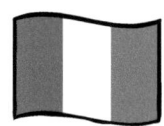

Francese

fransis simi

Arabo

arabia simi

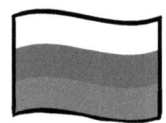

Russo

rusia simi

Portoghese

purtugal simi

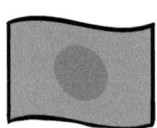

Bengalese

bingali simi

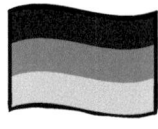

Tedesco

alimania simi

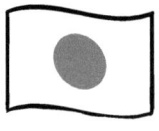

Giapponese

japun simi

chi / cosa / come
pi / ima / imayna

io
ñuqa

tu
qam

lui /lei
pay / pay / chay

noi
ñuqanchik

voi
qamkuna

loro
paykuna

chi?
¿pitaq?

cosa?
¿imataq?

come?
¿imaynataq?

dove?
¿maypitaq?

quando?
¿mayk'aq?

nome
suti

dove
maypi

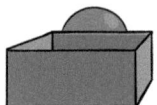

dietro

qhipa

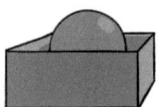

in

pi

davanti

ñawpaq

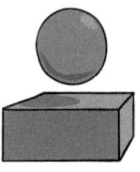

oltre

pantanpi

sopra

pata

sotto

uranpi

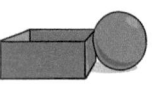

accanto

kuska

fra

chawpi

località

chiqan